Conserv. la Com[me]

CONSEIL D'ÉTAT

Section du Contentieux.

RECOURS

POUR

LE CONSEIL GÉNÉRAL DE LA MARTINIQUE

ET

LE DÉLÉGUÉ DE LA MARTINIQUE

RÉPLIQUE A L'AVIS

DE

Son Exc. M. le Ministre de la Marine et des Colonies.

PARIS

IMPRIMERIE DE A. GUYOT ET SCRIBE,

Imprimeurs de l'Ordre des Avoçats au Conseil d'État et à la Cour de Cassation,

RUE NEUVE-DES-MATHURINS, 18.

1866

CONSEIL D'ÉTAT

SECTION DU CONTENTIEUX

RÉPLIQUE

POUR

LE CONSEIL GÉNÉRAL DE LA MARTINIQUE

ET

LE DÉLÉGUÉ DE LADITE COLONIE

I. — M. le Gouverneur de la Martinique a consacré de nombreuses pages à la défense de son arrêté; S. Exc. M. le Ministre a cru devoir compléter cette défense dans un travail non moins considérable; il nous suffira, cependant, de courtes observations pour montrer que le Conseil général de la Martinique est plus que jamais fondé à persister dans les conclusions de son recours.

II. — Maintenons, d'abord, la protestation de respect pour l'autorité qui se lit au début de notre Mémoire.

M. le Gouverneur, dans son long exposé de faits, représente le vote du 9 novembre comme « un défi à *son autorité ;* » il n'a trouvé, dit-il, qu'un parti à prendre : « affirmer *son autorité* par une mani-« festation légale et significative. » Le Conseil d'État ne verra dans ces expressions, qui concentrent tous les intérêts coloniaux dans l'absorbante personnalité de M. le Gouverneur, qu'une preuve à l'appui de ce que nous avons dit, dans notre Mémoire, au sujet du mode d'administration des colonies, et la simple considération des faits lui démontrera que le Conseil général n'a entendu établir aucun rapport entre l'acte qu'il accomplissait et l'autorité de M. le Gouverneur. Le Conseil général a toujours compris qu'un Corps constitué ne peut maintenir intacte sa propre autorité qu'en gardant tous les égards dus aux chefs de l'Administration : la démarche pleine de déférence faite par le Conseil auprès du Gouverneur ; le soin de rappeler, dans l'ordre du jour, le communiqué officiel, comme pour s'autoriser de l'appréciation déjà faite par le premier fonctionnaire de la colonie, tous ces témoignages de respect auraient frappé un esprit qui, comprenant le jeu naturel des institutions, se contenterait d'y tenir le premier rôle, sans tout ramener à lui-même. Non, le Conseil général n'a jeté de défi à personne; il a seulement exercé le droit incontestable d'exprimer une opinion sur l'acte émané de l'un de ses membres, alors que cet acte avait soulevé un incident au cours de la séance. C'est ce droit qu'il revendique aujourd'hui, en même temps qu'il se plaint du trouble jeté dans son fonctionnement et de l'atteinte portée à sa dignité. Telle est la pensée qui inspire le recours devant le Conseil d'État.

III. — Contre ce recours, M. le Gouverneur, soutenu par S. Exc. M. le Ministre, multiplie les fins de non-recevoir et les exceptions de procédure.

En premier lieu, on recherche si les requérants ont qualité pour représenter le Conseil général.

C'est là, ce nous semble, se demander si les requérants ont qualité pour se représenter eux-mêmes, car nous avons énoncé, dans notre requête sommaire, que le recours était formé, au nom des membres du Conseil général, *tel qu'il s'est trouvé légalement composé, lors d'une délibération que nous avons en même temps produite, et qui désigne tous les membres présents*. Qu'importe donc qu'un nom, celui de M. Borde, se soit trouvé omis par erreur? Il figure au premier rang dans la délibération du 20 décembre, et se trouve compris, par cela même, dans la désignation générale faite par cette requête, en se référant à la délibération produite. Quant au soupçon que M. Borde ait voulu se séparer de ses collègues, on a peine à le comprendre de la part de l'Administration qui produit le procès-verbal de la séance du Conseil privé, où « M. le conseiller Borde *seul, maintenant son* « *vote au sein du Conseil général,* émet un avis favorable à l'homo- « logation de la délibération de cette assemblée du 20 décembre « 1864. » On jugera, au vu de la lettre du 27 mars 1865 que nous produisons, si un doute, à cet égard, nous était permis.

IV. — Le recours, présenté au nom de tous les membres du Conseil général, qui ont pris part à la délibération du 20 décembre, est donc parfaitement régulier; il est, comme le veut S. Exc. M. le Ministre, formé « par l'ensemble des membres en qui se personnifie le « Conseil général, lequel, ayant été composé de treize membres lors « de sa délibération du 20 décembre, ne peut se présenter en justice « qu'en la personne de treize membres. »

A ces conditions, M. le Ministre admet la validité du recours en la forme; Son Excellence rappelle même les divers arrêts du Conseil d'État (27 juillet 1850, commune de Tombebœuf; 4 avril 1856, Rivière) qui, en statuant au fond sur des recours analogues, ont implicitement décidé que les membres d'un Conseil électif, blessés dans les droits qu'ils tiennent de leur institution, avaient eu qualité pour les introduire. Nous sommes, par conséquent, dispensés d'insister.

Rappelons cependant, pour ne rien omettre, une espèce récente. Nous la voyons citée dans les conclusions données par M. le commissaire du Gouvernement dans l'affaire de l'Académie des Beaux-Arts, jugée le 21 juillet 1864.

V. — Après avoir établi qu'il est des droits qui, bien que leur exercice affecte au plus haut point l'intérêt général, sont en même temps l'objet d'une appropriation privée, et, par suite, peuvent être sauvegardés par le recours contentieux, M. le commissaire du Gouvernement déclarait que ce caractère privatif de certains droits civiques apparaît surtout en ce qui concerne la constitution des corps électifs. « Le conseiller général, disait-il, le conseiller municipal pris « individuellement, aussi bien que le Conseil général et le Conseil « municipal agissant comme corps constitués, et même, suivant « nous, chaque électeur de la circonscription, nous allons jusque-là, « pourraient se prévaloir de la loi de 1790 pour faire respecter par « l'Administration, après l'élection validée, le mandat, le titre reçu « par les uns et conféré par les autres. Pour l'électeur, le droit de « voter et celui d'être représenté régulièrement dans la gestion des « affaires et des finances locales; pour l'élu, le droit de pourvoir à « cette gestion, de remplir l'honorable mandat qu'il a reçu, pren- « nent incontestablement un caractère privatif. Vous l'avez reconnu, « Messieurs, au moins en ce qui concerne les élus, par un récent « décret qui, sur le pourvoi de plusieurs membres d'un Conseil mu- « nicipal remplacé par une Commission irrégulièrement constituée, « réforme, pour excès de pouvoirs, l'arrêté préfectoral qui avait « nommé cette commission. » (10 mars 1864, Darnaud.)

VI. — A la lueur de ces principes, la recevabilité du recours apparaît clairement, soit qu'on envisage la qualité de ceux qui le forment, soit qu'on recherche la nature du droit qui les autorise à le former ; ils agissent eux-mêmes ; dès lors il est bien inutile de discuter ici longuement la validité du mandat conféré à M. de Lareinty pour l'introduction du recours. Si, comme le prouve le décret Rivière, du 4 avril 1856, les membres du Conseil général ont pu choisir pour mandataire l'un d'entre eux, il est clair qu'ils ont pu également charger le délégué de la colonie de pourvoir à la formation du recours; d'où il suit que la fin de non-recevoir proposée est sans valeur; mais, en tous cas, on comprendra pourquoi M. de Lareinty n'a point séparé son nom de ceux des membres du Conseil général: il a partagé leurs sentiments et revendique, comme un honneur, la solidarité de leur action.

VII. — Sur cette question toute personnelle, on n'en dira pas davantage; mais S. Exc. M. le Ministre, à l'occasion du mandat dont il s'agit, examine la nature des rapports des délégués des colonies avec les Conseils généraux, et assimilant le délégué aux chefs de service subordonnés au Gouverneur, représente ce dernier comme pouvant *inviter* le délégué à entrer au Conseil général pour y fournir des renseignements et explications. L'assimilation est inexacte et compromet la situation du délégué; il n'est en rien le subordonné du Gouverneur et n'a pas à attendre, pour se mettre en rapport avec ses commettants, une invitation du Gouverneur, à laquelle, pour sa part, le délégué de la Martinique n'eût pas déféré. Présent sur les lieux au moment de la session, M. de Lareinty a, sur l'appel du Conseil général, exprimé par son président, et du consentement au moins tacite de M. le Gouverneur, assisté aux séances pour se mieux initier aux intérêts qu'il représente, et fournir au besoin des renseignements sur l'esprit des Conseils du gouvernement métropolitain: toute autre explication de la conduite du délégué est inexacte et inacceptable, et son assistance aux délibérations ne saurait, dans les conditions où elle s'est produite, être taxée d'illégalité.

VIII. — Une deuxième fin de non-recevoir consiste à soutenir que la décision du 17 décembre 1864, à raison de la qualité du fonctionnaire dont elle émane, n'est pas susceptible d'un recours par la voie contentieuse.

L'éloignement de la métropole oblige, dit-on, à laisser au Gouverneur les pouvoirs les plus étendus; ce haut fonctionnaire représente l'Empereur lui-même; il statue, en cette qualité, sur l'homologation ou l'annulation des délibérations du Conseil général; par conséquent, il ne peut pas plus y avoir de recours contentieux contre ses décisions qu'il n'en existe contre le décret impérial, portant, dans la métropole, annulation d'une délibération du Conseil général... C'est à quoi se réduisent les détails fort étendus où M. le Gouverneur et S. Exc. M. le Ministre entrent à ce sujet.

IX. — Nous répondons que M. le Gouverneur aurait tort de se payer de mots, si flatteurs qu'ils fussent, et que, s'il représente l'Empereur, il le fait sous le contrôle du Ministre de la marine, de sorte qu'en allant au fond des choses, on ne trouve dans ses fonctions, bien qu'entourées d'un éclat particulier, rien qui ne soit commun aux délégués du pouvoir exécutif répandus sur les divers points du territoire métropolitain, et chargés de procurer, chacun dans une mesure déterminée, l'action administrative, sous l'autorité des Ministres. Il est donc, au même titre que les préfets des départements, une autorité locale, et doit, par conséquent, voir, comme les préfets, ses actes soumis au recours contentieux pour excès de pouvoirs. Nous ne comprenons même pas comment S. Exc. M. le Ministre concilie l'opinion contraire avec la réserve de son propre contrôle, car la possibilité même de l'appel à l'autorité ministérielle implique celle du recours *omisso medio*, quand la partie qui le forme se plaint d'une atteinte à l'ordre public et d'un excès de pouvoirs; mais ne nous arrêtons pas davantage sur cette question, car nous ne saurions avoir, comme nos adversaires, la prétention d'éclairer le Conseil d'État sur les limites de sa propre compétence.

X. — Quand S. Exc. M. le Ministre entre enfin dans le fond du débat, il semble, en vérité, que la seule manière de défendre les actes de M. le Gouverneur soit de les soustraire à la discussion. De l'arrêté attaqué, en lui-même, on ferait, paraît-il, assez bon marché; on reconnaîtrait, sans trop de peine, que M. le Gouverneur peut avoir commis une erreur, violé même la loi au lieu de l'appliquer; mais autre chose est, dit-on, l'usage mal entendu d'un pouvoir et l'excès de pouvoirs qui seul ouvre le recours contentieux. « Si M. le Gou-« verneur, dit la dépêche ministérielle, trouve dans la loi organique « des Conseils généraux le pouvoir d'annuler les délibérations du « Conseil général prises en dehors du temps de la session ou de « ses attributions, et si, usant de ce pouvoir, il a, dans les formes « légales, annulé une délibération en se fondant sur ce que le Con-« seil aurait dépassé le temps de la session ou serait sorti de la li-« mite de ses attributions, il pourra bien avoir commis une erreur « de fait et de droit sur les attributions du Conseil, sur la durée « légale de la session; il aura bien ou mal jugé, mais il aura jugé « compétemment; il aura peut-être violé la loi, mais il n'aura pas « commis d'excès de pouvoirs, puisqu'il a accompli un mandat qu'il « tenait de la loi. » Tels sont les principes sous la protection des-« quels on place l'arrêté attaqué.

XI. — Jusqu'à quel point ce genre de défense est-il satisfaisant pour M. le Gouverneur, nous n'avons pas à le rechercher; ce qui nous importe, c'est de mettre en pleine lumière l'existence d'un véritable excès de pouvoirs, et s'il apparaissait déjà lorsque le recours a été formé, on peut dire qu'il est évident, après la production des documents qui sont joints à la dépêche ministérielle. Rappelons en quelques mots les faits pour les rattacher à ces documents.

XII. — La lettre de M. Marchet a été connue le 7 décembre à Fort-de-France; c'est le jour même que le Conseil général s'est transporté chez M. le Gouverneur; le *communiqué* est à la date du 8; la séance où le Conseil général s'est occupé de la lettre a eu lieu le 9; à l'issue de cette séance, le Conseil s'est ajourné au 20 décembre. La loi veut que le procès-verbal soit rédigé par les secrétaires sous la direction du président; l'usage est que le procès-verbal d'une séance soit lu au début de la séance suivante. Il suffisait donc que celui de la séance du 9, préparé, comme d'habitude, par l'un des secrétaires, dans l'intervalle, fût revu par lui et son collègue, la veille du jour de la séance suivante, et soumis par tous deux, avant la séance, aux membres du Conseil, dont les opinions s'y trouvaient analysées. Nous avons sous les yeux une lettre de M. de Maynard, secrétaire du Conseil, chargé depuis cinq ans de la première rédaction, qui établit que les choses devaient se passer ainsi dans les circonstances qui nous occupent. (Pièce n° 2.)

XIII. — Mais l'impatience de M. le Gouverneur et la préoccupation exclusive de son autorité personnelle ne lui permettent pas d'attendre que le fonctionnement régulier du Conseil général soumette à son contrôle une délibération revêtue de toutes les formalités légales; il lui faut une annulation immédiate, et pour trouver matière à cette annulation, il s'immisce dans le travail intérieur du Conseil : un secrétaire-archiviste à gages a pris des notes pendant la séance; au lieu de se rendre à Saint-Pierre, auprès de M. de Maynard, pour écrire le procès-verbal sous sa dictée, il est porteur d'un soi-disant procès-verbal tout rédigé, rédigé par lui seul, et le secrétaire, à qui il appartenait de proposer ce travail à ses collègues, se voit convoqué lui-même à l'Hôtel-de-Ville de Saint-Pierre pour y accepter et y signer l'œuvre du secrétaire-archiviste. (Pièces n°s 3 et 4.)

XIV. — « Je ne pouvais et ne devais, dit M. de Maynard, dans la « lettre déjà citée, faire qu'une seule réponse à cet étrange appel : à « M. de Montyel (le secrétaire-archiviste) je fis remarquer qu'il n'a- « vait pas le droit de rédiger le procès-verbal; à M. Borde, j'opposai « l'illégalité manifeste d'une réunion du genre de celle qu'il provo- « quait; je lui rappelai même que ces sortes de réunions étaient « interdites et punies par la loi. Enfin, je demandai au secrétaire- « archiviste qu'on en revînt purement et simplement à ce qui était « légal, c'est-à-dire à l'exécution du sénatus-consulte.... » Les autres membres du Conseil général se refusent, comme M. de Maynard, à une convocation illégale, et M. Borde, dont la loyauté avait été un instant surprise, renvoie à Fort-de-France le projet de procès-verbal avec une lettre qui rend compte de l'insuccès de M. le secrétaire-archiviste. (Pièce 6e du dossier administratif.)

XV. — Cette lettre est datée du 14 décembre. Le 17, le Conseil privé est convoqué, et tout d'abord, M. le Gouverneur pose la question de l'incident qui s'est produit à la séance du Conseil général. Ici se place un fait grave.

« M. le Directeur, dit le procès-verbal de la séance, donne successivement lecture de son rapport et de la *délibération du Conseil* « *général.* » Quelle délibération?

Assurément on veut parler du projet de M. de Montyel; mais pour le Conseil privé, rien n'indique qu'il s'agisse d'un simple projet; il se croit et doit se croire en présence d'un texte arrêté par le Conseil général et adopté par lui. Et comment n'aurait-il pas cette conviction quand il entend lire une pièce qui se termine comme il suit : « De ce « que dessus il a été fait le présent procès-verbal, les jour, mois et « an que dessus, *et ont signé les président et secrétaires.* » (1) Donc, le Conseil privé a été induit en erreur sur la nature et l'état de l'acte à l'occasion duquel il était consulté. A ce point de vue, il est permis de dire que l'arrêté n'a pas été entouré des garanties qui résultent du concours du Conseil privé; il est permis de penser que si tous ses membres avaient connu la véritable situation des choses, de sages observations eussent arrêté M. le Gouverneur, et, nous le répétons, l'ignorance où s'est trouvé le Conseil enlève à la décision toute valeur légale; on ne peut dire que le Conseil privé ait été réellement consulté.

(1) La portée de cette énonciation a si peu échappé à l'Administration locale de la Martinique que, dans la copie adressée d'abord à S. Exc. M. le Ministre, copie certifiée conforme, et qui est au dossier, comme le projet de procès-verbal, les mots que nous venons de transcrire sont supprimés.

XVI. — Admettons cependant qu'il l'ait été, et prenons l'arrêté en lui-même : l'objet de l'annulation prononcée par cet arrêté *c'est la délibération susuisée*. Puisqu'on semble ne pas voir que nous avons déjà relevé dans l'acte ainsi libellé les caractères de l'excès de pouvoirs, puisqu'on parle de simple erreur, de simple violation de la loi, précisons ici ce que nous avons voulu dire, et qu'on nous pardonne si nous le disons trop nettement.

Il y a excès de pouvoirs, disent les auteurs, lorsqu'il se manifeste une usurpation de la part d'un fonctionnaire sur un pouvoir d'une autre nature que le sien. (M. Dufour, t. II, p. 288; M. Serrigny, t. Ier, p. 244.) Eh bien ! M. le Gouverneur ne s'est pas contenté d'exercer ses pouvoirs de contrôle et de répression; il a créé, construit de toutes pièces une délibération, il s'est fait le secrétaire du Conseil général pour rédiger un procès-verbal, il s'est constitué en bureau du Conseil général pour arrêter le procès-verbal rédigé, il s'est substitué au Conseil général pour adopter le procès-verbal arrêté. C'est dans cette usurpation qui accapare tous les rôles, qui s'attribue toutes les fonctions, qu'est l'excès de pouvoirs, et non pas dans l'exercice du droit de censure, qu'on ne conteste pas et que la dépêche ministérielle défend inutilement.

XVII. — Il fallait bien, suivant M. le Ministre, que le contrôle s'exerçât ; nous en sommes d'accord, mais il fallait attendre la rédaction du procès-verbal, et il aurait été rédigé le 18, arrêté le 19, adopté le 20, les documents que nous produisons en font foi, si l'annulation n'était intervenue. Après le 17 décembre, le Conseil a gardé un silence absolu, et l'on semble insinuer qu'il a cherché à effacer la trace de la délibération.... En vérité, qu'est-ce donc qu'on aurait dit si le Conseil, après l'annulation, avait repris la délibération pour l'arrêter et en adopter les termes, au mépris de la censure prononcée? Et cependant on accueille avec une certaine ironie la déclaration qu'on s'est arrêté « par respect pour le principe d'autorité. »

Effet bizarre d'une situation illogique où le Gouverneur, pour n'avoir pas su rester dans son rôle, est amené à incriminer également l'action du Conseil général et son inaction ! On devait savoir attendre, on devait surtout s'abstenir de présenter un projet comme une délibération arrêtée, et de *viser* une délibération quand on n'avait en mains qu'un projet.

XVIII. — Ce projet, au moins, est fidèle, suivant le Ministre.... Nous le croyons aussi, en ce sens que nous ne suspectons l'intention de personne, mais des erreurs sont possibles, et rien ne nous assure qu'il n'en ait pas été commis. Par exemple, le projet, en mentionnant le résultat du vote sur l'ordre du jour motivé, énonce que la décision a été prise *à sept voix contre six;* nous lisons, au contraire, dans la lettre déjà citée de M. de Maynard, que l'ordre du jour motivé a été voté *par tous les membres présents, quatre exceptés* (1). Qui donc a raison, du rédacteur officiel ou du rédacteur officieux? Nous l'ignorons; le procès-verbal *arrêté* et *adopté* aurait pu seul nous l'apprendre.

XIX. — Et nous insistons sur ces expressions : *arrêté* et *adopté*, car un procès-verbal non encore arrêté est variable, susceptible de modifications. Pour notre part, et toujours sans suspecter les intentions, nous ne sommes nullement sûrs que le projet qui est au dossier soit celui qui a été porté à Saint-Pierre par M. de Montyel; nous hésitons à le croire, car nous avons lu dans la lettre de M. Borde, du 14 décembre, qui est au dossier : « Ce dernier (M. Brafin) a fait « des réserves en annotant sur le document (le projet de procès-ver- « bal), *ainsi que vous pourrez encore le voir*, des renvois devant « correspondre à des observations qu'il se propose de faire parve- « nir. » Or, nous avons vainement cherché dans les feuilles volantes qui composent le prétendu procès-verbal, la trace des annota-

(1) Ces quatre membres se sont abstenus.

tions de M. Brafin. Il se peut donc que le projet ait été modifié depuis le 14 décembre; mais dès lors, dans quelle incertitude n'est-on pas jeté lorsqu'on se demande quel est au juste le texte soumis au Conseil privé, puis visé dans l'arrêté d'annulation? Qu'on ne nous parle donc plus de la délibération comme d'un document dont le rapport du Directeur de l'intérieur ait pu fixer les termes. Qu'on reconnaisse que cette fixation ne pouvait émaner que du Conseil général, que la prétention de se substituer à lui est une atteinte à son droit, une usurpation de sa fonction, un excès de pouvoirs, en un mot, et qu'on ne lui dispute pas davantage l'accès du Conseil d'État.

XX. — Encore et toujours une fin de non-recevoir quant au deuxième moyen du recours! Nous soutenons, au fond, qu'annuler la délibération par laquelle le Conseil général censure la conduite d'un de ses membres, agissant comme conseiller général et procédant à un acte qui affecte directement ses collègues, nous affirmons qu'annuler une telle délibération, c'est méconnaître un droit de discipline intérieure inhérent à l'institution du Conseil général. On nous répond : « En vain voudrait-on prétendre que le Gouverneur s'est « trompé sur l'étendue des attributions du Conseil général, sur l'é- « tendue du droit de police et de discipline qui appartiendrait à cette « assemblée sur les membres qui la composent. *C'est, en réalité,* « *une violation de la loi, une erreur sur l'interprétation et l'ap-* « *plication de l'article* 13 *du décret de* 1854, *ce n'est pas un excès* « *de pouvoirs qu'on articule.* » Nous prétendons, à notre tour, que non-seulement M. le Gouverneur a mal exercé son droit de censure, mais, de plus, qu'il en a excédé les limites.

XXI. — L'article 13, on l'a dit déjà dans le Mémoire ampliatif, n'est pas fait pour des mesures simplement disciplinaires et de la nature de celle qui a été prise à l'égard de M. Marchet; il concerne les délibérations dont l'exécution, si le Gouverneur la tolérait, constituerait un empiétement sur des attributions étrangères au Conseil; l'annulation vient, en ce cas, rétablir l'ordre des compétences, troublé par une invasion du Conseil général dans une matière *administrative* qui n'est pas de son ressort; mais alors, en raison du but même qu'elle est destinée à atteindre, l'annulation ne peut frapper que des délibérations tendant à produire un effet quelconque dans l'ordre de l'administration; or, telle n'est pas celle dont il s'agit; elle ne constitue, à aucun titre, un acte administratif; par conséquent, elle ne tombe pas sous le contrôle de M. le Gouverneur; d'où il suit clairement qu'il a excédé les limites de ses pouvoirs en prononçant l'annulation.

XXII. — On ne peut, en vérité, voir sans surprise M. le Gouverneur proclamer dans les termes les plus nets, le droit de discipline intérieure du Conseil, et méconnaître sur le champ une conséquence si évidente du principe qu'il vient de poser. A quoi servirait donc le droit, s'il ne pouvait se traduire par des actes? Un expédient, il est vrai, est suggéré par M. le Gouverneur : fidèle à son système de tout ramener à lui-même, il eût voulu que le Conseil lui exprimât ses vœux dans un Mémoire. Nous n'examinons pas, on le conçoit, cette proposition en elle-même; mais nous demandons si M. le Gouverneur eût pu annuler le Mémoire qui lui eût été présenté, alors même qu'il eût contenu contre M. Marchet les appréciations les plus sévères; la négative est évidente, et un arrêt de la Cour de cassation du 10 novembre 1820 (Sirey, coll. nouv., à la date indiquée) en indique la raison, c'est que la délibération qui provoque des poursuites n'a pas le caractère d'un *acte administratif;* elle procède d'un droit propre au Conseil général et dont l'exercice est remis à sa prudence. Donc, on le voit, et *a fortiori* l'ordre du jour tout intérieur du 9 décembre, mesure prise en vertu d'un droit de discipline non contesté, n'était pas un *acte administratif*, et n'a pu être annulé comme tel.

XXIII. — Qui ne s'aperçoit, d'ailleurs, qu'une fois engagé dans cette voie, M. le Gouverneur ne tarderait pas à s'attribuer la police intérieure et la discipline du Conseil général ? Qui peut dire s'il n'annulerait pas un rappel à l'ordre et n'improuverait point la décision par laquelle le président, de l'avis du Conseil, aurait retiré la parole à un orateur ?... Arrêtons-nous dans ces suppositions; elles n'ont rien de sérieux, nous le savons, qu'en ceci qu'elles font ressortir les conséquences de la prétention de M. le Gouverneur de s'attribuer une mission qui ne lui appartient pas, et de montrer que cette prétention l'a conduit à l'excès de pouvoirs le mieux caractérisé. C'est ce que que nous devions établir sur ce second point, comme nous l'avions fait pour le premier.

XXIV.—Nous avons réfuté, nous le croyons du moins, l'argumentation de S. Exc. M. le Ministre et, dans le long Mémoire de M. le Gouverneur, tout ce qui pouvait faire l'objet d'une discussion sérieuse, et cependant à peine avons-nous eu à revenir sur le fond du débat. C'est qu'en effet nous n'avons rien trouvé, dans la dépêche ministérielle, qui fût propre à faire connaître la pensée de l'administration supérieure sur la marche suivie par M. le Gouverneur de la Martinique, sur sa manière de comprendre ses rapports avec le Conseil général, et de maintenir le respect dû au premier corps constitué de la colonie. Sans doute, ce silence est déjà une improbation tacite; mais nous espérons mieux de la haute sagesse du Conseil d'État.

Nous persistons avec confiance dans les conclusions de notre recours.

Baron DE LAREINTY,	C. FOURNIER,
Délégué de la Martinique.	Docteur en droit, avocat au Conseil d'État.

PRODUCTIONS.

Deux lettres citées au cours de la présente Réplique et deux billets de convocation non signés.

A. GUYOT ET SCRIBE, Imprimeurs de l'Ordre des Avocats au Conseil d'État et à la Cour de Cassation, rue Neuve-des-Mathurins, n° 18.

www.ingramcontent.com/pod-product-compliance
Ingram Content Group UK Ltd.
Pitfield, Milton Keynes, MK11 3LW, UK
UKHW021019220726
13924UKWH00001B/65